9
11

FSC
www.fsc.org
MIX
Papier aus verantwortungsvollen Quellen
FSC® C014138

ISBN 978-3-85581-548-7

Text: Dorothee Hesse
Illustration: Ute Simon
Englische Übersetzung: Petra Thoms

www.bohem.ch

Good Night, Cologne

A City Is Going to Sleep

It is Rose Monday in Cologne. “The parade is coming!” the spectators cheer enthusiastically. The little night-watchman is riding on the last wagon along with the Prince. “Kölle Alaaf – long live Cologne!” they both exclaim and toss candies into the crowd. Then the carnival parade is over and night falls over Cologne. The little night-watchman escorts the carnival floats into their hall and says good-bye to all the jesters. “What a jolly day,” he says to the Prince. “Thanks a lot for taking me along.” Then the little night-watchman locks the hall, takes the underground to “Heumarkt” station and walks over to the Chocolate Museum.

In Köln ist heute Rosenmontag. „D’r Zoch kütt“, jubeln die Zuschauer begeistert. Der kleine Nachtwächter fährt zusammen mit dem Prinzen auf dem letzten Wagen. „Kölle Alaaf“, rufen die beiden und werfen die restlichen Kamellen in die Menge. Dann ist der Zug vorbei und in Köln wird es langsam Abend. Der kleine Nachtwächter begleitet die Umzugswagen in ihre Wagenhalle und verabschiedet sich von allen Jecken. „Ein lustiger Tag“, sagt er zum Prinzen. „Und vielen Dank, dass ich mitfahren durfte.“ Dann schließt der kleine Nachtwächter die Wagenhalle ab, fährt mit der U-Bahn zum Heumarkt und läuft von dort zum Schokoladenmuseum.

There he marvels at the tropical cocoa plants and strolls through the chocolate manufactory. “May I offer you some chocolate?” the friendly lady asks him on his way out. “I would certainly love some,” says the little night-watchman. As she hands him a cone with chocolate, he drops his bunch of keys into the chocolate well. “Oh no!” he cries. “Without my keys I will not be able to work tonight!” Together they fish the keys from the liquid chocolate. “Very delicious,” thinks the little night-watchman while he licks his fingers. Then he locks the door of the Chocolate Museum and walks towards the landing pier.

Im Schokoladenmuseum bestaunt er die tropischen Kakaopflanzen und spaziert durch die Schokoladenfabrik. „Darf ich dir etwas Schokolade anbieten?“, fragt ihn die freundliche Dame zum Abschied. „Sehr gerne“, sagt der kleine Nachtwächter. Als sie ihm eine Waffel mit Schokolade reicht, fällt sein Schlüsselbund in den Schokoladenbrunnen. „Oh nein!“, ruft der kleine Nachtwächter, „ohne meine Schlüssel kann ich heute Nacht nicht arbeiten.“ Gemeinsam angeln sie den Schlüsselbund aus der flüssigen Schokolade. „Sehr köstlich“, denkt der kleine Nachtwächter und schleckt seine Finger ab. Dann schließt er die Tür des Schokoladenmuseums ab und geht zum Schiffsanleger.

There he climbs aboard the last Rhine ferry and cruises to the Cologne Cathedral. The sparkling stars are reflected in the dark water of the river Rhine. A transport ship approaches them and the little night-watchman waves to the captain. “What are you carrying?” he wants to know. “Lots of containers,” the captain calls back. Then they bid each other goodnight and the little night-watchman fastens the heavy ropes on the landing pier. “Good night, my dear Pearl of Rhine,” he whispers and turns off all the lights. “Tomorrow, your captain is going to steer you across the Rhine again.” Then he climbs the stairs leading to the Philharmonic Hall.

Dort besteigt er das letzte Rheinschiff und fährt zum Dom. Die funkelnden Sterne spiegeln sich im dunklen Wasser des Rheins. Der kleine Nachtwächter winkt dem Kapitän eines Frachtschiffes zu, das ihm entgegenkommt. „Was hast du geladen?“, möchte er wissen. „Sehr viele Container“, ruft der Kapitän zurück. Dann wünschen sich die beiden eine gute Nacht und der kleine Nachtwächter verknotet die schweren Taue am Schiffsanleger. „Gute Nacht, liebe Rheinperle“, flüstert er und löscht alle Lichter. „Morgen wird dich dein Kapitän wieder über den Rhein steuern.“ Dann geht er die Treppenstufen hinauf bis zur Philharmonie.

The concert has just ended and the musicians bow to their audience. "Bravo!" the spectators exclaim and clap their hands enthusiastically, and the conductor compliments them: "You have played wonderfully." While they pack their violins, trumpets and flutes, there are crackling and tinkling sounds ringing out from the great big organ. A little mouse that has been hiding between the organ pipes tiptoes over the console. "Shoo! Shoo!" says the little night-watchman. "Enough tinkling now!" and he chases the mouse out of the concert hall. Then he locks the doors of the Philharmonic Hall and walks over to the Romano-Germanic Museum.

Soeben ist das Konzert vorbei und die Musiker verbeugen sich vor ihrem Publikum. „Bravo", rufen die Zuschauer und klatschen begeistert. „Ihr habt wunderbar musiziert", lobt der Dirigent seine Musiker. Als sie ihre Geigen, Trompeten und Flöten einpacken, hört man ein Knacken und Klimpern aus der großen Orgel. Eine kleine Maus hat sich zwischen den Orgelpfeifen versteckt und läuft gerade über den Spieltisch. „Husch, husch", sagt der kleine Nachtwächter, „genug geklimpert", und scheucht die Maus aus dem Konzertsaal. Dann schließt er die Türen der Philharmonie ab und geht hinüber zum Römisch-Germanischen Museum.

Just like every night, the little night-watchman enjoys the tales of the wise owl that is sitting on the Roman chariot today. “What an exciting day it was,” says the owl. “All of a sudden, a precious piece of jewellery had disappeared.” “Has something been stolen?” asks the little night-watchman. “Luckily not,” answers the owl. “The cabinet was not locked properly and a girl just took the priceless necklace and tried it on.” “I am relieved to hear that,” answers the little night-watchman and says good-bye to the owl. Then he locks the museum’s door and strolls across Roncalli Place to the Cathedral.

Wie jeden Abend freut sich der kleine Nachtwächter über die Geschichten der klugen Eule, die heute auf dem römischen Reisewagen sitzt. „Das war ein aufregender Tag“, sagt die Eule, „plötzlich war ein wertvolles Schmuckstück verschwunden.“ „Wurde etwas gestohlen?“, fragt der kleine Nachtwächter. „Zum Glück nicht“, antwortet die Eule, „die Vitrine war nicht richtig verschlossen und ein Mädchen hat die wertvolle Kette einfach anprobiert.“ „Da bin ich aber beruhigt“, sagt der kleine Nachtwächter und verabschiedet sich von der Eule. Dann schließt er die Museumstür ab und spaziert über den Roncalliplatz zum Dom.

The little night-watchman enjoys the still of the night, as he enters the Cathedral through the big front gate. “How beautifully the bright moon illuminates the windows,” he thinks and slowly walks across the big church. The little night-watchman marvels at the Jewelled Madonna and the great Gero Cross. As he stands before the precious Shrine of the Three Kings, he hears a soft chirping. It is a poor sparrow that has lost its way. “Come on, little one, don’t be afraid. I’ll take you outside,” says the little night-watchman and places the sparrow carefully on the palm of his hand. Then he locks the heavy Cathedral door and walks over to the Town Hall, past the Brownies Fountain with its statues of the famous little house gnomes.

Der kleine Nachtwächter genießt die Stille der Nacht, als er den Dom durch das große Domportal betritt. „Wie schön der helle Mond die Fenster beleuchtet“, denkt er und geht langsam durch das große Kirchenschiff. Der kleine Nachtwächter bewundert die Schmuckmadonna und das große Gerokreuz. Als er vor dem kostbaren Dreikönigsschrein steht, hört er ein leises Zwitschern. Ein armer Spatz hat sich verirrt. „Komm, mein Kleiner, hab keine Angst. Ich bringe dich nach draußen“, sagt der kleine Nachtwächter und setzt den Spatz vorsichtig auf seine Hand. Dann schließt er die schwere Domtür ab und geht am Heinzelmännchen-Brunnen vorbei zum Rathaus.

As the little night-watchman enters the Town Hall, he hears mumbling from the Hanseatic League Hall. He follows the sound and suddenly sees the Farmer, the Prince and the Virgin. They have disarranged all the furniture and lifted the carpets. “What are you doing here?” asks the little night-watchman. “We have lost the Town Hall key,” the trio answers in despair. The little night-watchman lights his lantern and detects the key right underneath the mayor’s desk. “You have made our day! Without you, we would be lost,” the three reply in relief. Together they lock the Town Hall door and say farewell.

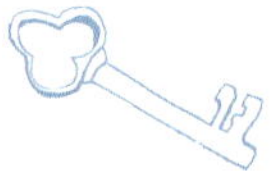

Als der kleine Nachtwächter das Rathaus betritt, hört er Gemurmel aus dem Hansasaal. Er folgt dem Geräusch und sieht plötzlich Bauer, Prinz und Jungfrau. Sie haben alle Möbel verrückt und die Teppiche hochgehoben. „Was macht ihr denn hier?“, fragt sie der kleine Nachtwächter. „Wir haben den Rathausschlüssel verloren“, antwortet das Dreigestirn verzweifelt. Der kleine Nachtwächter leuchtet mit seiner Laterne und entdeckt den Schlüssel unter dem Schreibtisch des Bürgermeisters. „Du bist unsere Rettung, ohne dich wären wir verloren“, sagen die drei erleichtert. Gemeinsam schließen sie die Rathaustür ab und verabschieden sich.

The little night-watchman walks the alleys of the old town, across the big Hohenzollern Bridge onto the other side of the Rhine. “What a beautiful sight – Cologne by night,” he thinks and strolls through the Rheinpark to the cable car, where he hops onto the last gondola. In this very moment, a little cat jumps into the cabin, and together they float across the Rhine and enjoy the beautiful view. “Good night, dear gondolas,” says the little night-watchman upon their arrival and makes sure all cabins are securely stowed away. “Tomorrow, there will be many passengers for you to transport again.” Then he examines the cables and ropes, locks up and proceeds towards the zoo. He wonders about the little cat – has it been following him all night?

Der kleine Nachtwächter geht durch die Gassen der Altstadt, über die große Hohenzollernbrücke auf die andere Rheinseite. „Wie schön Köln doch bei Nacht ist“, denkt er und spaziert durch den Rheinpark bis zur Seilbahn. Dort besteigt er die letzte Gondel. In diesem Moment springt eine kleine Katze in die Kabine. Gemeinsam schweben die beiden über den Rhein und genießen die schöne Aussicht. „Gute Nacht, liebe Gondeln“, sagt der kleine Nachtwächter bei ihrer Ankunft und sorgt dafür, dass alle Kabinen gut verstaut sind. „Morgen werdet ihr wieder viele Menschen transportieren.“ Dann prüft er die Trage- und Halteseile, schließt ab und geht zum Zoo. Ob die kleine Katze ihm den ganzen Abend gefolgt ist?

A lot of monkey business was going on in the zoo today. The baboons have pushed and shoved on their rock all day and quarrelled about the food. "Quiet now!" says the old baboon to the youngsters. Two of the young monkeys tugging on each other's tails have to be calmed down by the little night-watchman. "Good night, you squabblers, stop fighting already! Tomorrow, you can swing again from rock to rock." Then he says farewell to the other animals and carefully locks the elephants' and giraffes' compounds. "Good night, dears, sleep tight!" says the little night-watchman."Lots of children are going to visit you again tomorrow." Then he goes to the children's hospital.

Auf dem Felsen im Zoo herrschte heute ein großes Affentheater. Die Paviane haben sich den ganzen Tag geschubst und um das Futter gestritten. „Nun ist endlich Ruhe", sagt der alte Pavian zu den Jungtieren. Der kleine Nachtwächter muss zwei kleine Affen beruhigen, die sich gegenseitig an den Schwänzen ziehen. „Gute Nacht, ihr Streithähne, vertragt euch endlich! Morgen könnt ihr wieder von Fels zu Fels schwingen." Dann verabschiedet er sich von den anderen Tieren und schließt sorgfältig die Gehege der Elefanten und Giraffen ab. „Gute Nacht, meine Lieben", sagt der kleine Nachtwächter, „schlaft gut. Morgen werden euch wieder viele Kinder besuchen." Dann geht er zum Kinderkrankenhaus.

The little patients are happy about the late visit. “Good evening, dear children,” says the little night-watchman, “it is time to go to sleep so that you will get well soon.” A little boy cries because his leg is hurting. A clown comes into the room. “Abracadabra,” says the clown and pulls a white cat out of his hat. The cat jumps on the boy’s bed, much to his delight. What a pity that the little night-watchman has to leave now. He whispers, “Good night, dear children, you will be much better tomorrow.” Then he locks the door to the hospital and goes to the main station.

Die kranken Kinder freuen sich über den späten Besuch. „Guten Abend, liebe Kinder“, sagt der kleine Nachtwächter, „Zeit zum Schlafengehen, damit ihr bald wieder gesund werdet.“ Ein kleiner Junge weint, weil sein Bein wehtut. Da kommt ein Clown ins Zimmer. „Hokus, Pokus, Fidibus, dreimal weißer Kater“, sagt der Clown und zaubert die weiße Katze aus seinem Hut. Jetzt springt die Katze über sein Bett und der Junge kann wieder lachen. Der kleine Nachtwächter muss leider gehen und flüstert: „Gute Nacht, liebe Kinder, morgen wird es euch schon viel besser gehen.“ Dann schließt er die Tür des Krankenhauses ab und fährt zum Hauptbahnhof.

The little night-watchman takes the last underground train all the way to the last stop. He says good night to the last passengers and collects umbrellas and newspapers that have been left behind. Suddenly he spots a lonesome rabbit. “What are you doing here?” asks the little night-watchman. “I have been forgotten by a girl,” is the rabbit’s sad answer. The little night-watchman comforts the rabbit. He is just about to lock the big gate when the girl and her mother appear. “Here you are,” she says relieved and happily hugs her rabbit. “Good night,” says the little night-watchman, “have a safe trip home.” Then he locks the gate.

Dort steigt der kleine Nachtwächter in die letzte U-Bahn und fährt bis zur Endhaltestelle. Er verabschiedet sich von den späten Fahrgästen und sammelt liegen gebliebene Regenschirme und Zeitungen ein. Da entdeckt er einen einsamen Hasen. „Was machst du denn hier?“, fragt ihn der kleine Nachtwächter. „Ein Mädchen hat mich vergessen“, antwortet der Hase traurig. Der kleine Nachtwächter tröstet den Hasen und will gerade das große Tor abschließen, als das Mädchen mit seiner Mutter kommt. „Hier bist du also“, sagt es erleichtert und nimmt seinen Hasen glücklich in die Arme. „Gute Nacht“, sagt der kleine Nachtwächter, „kommt gut nach Hause“, und schließt das Tor ab.

Night has fallen over the city of Cologne. “Finally all the people and all the animals are asleep,” thinks the little night-watchman and goes home quite content. He has worked hard today and now he is very tired. He hangs up all the keys, gives the little cat some milk and then goes to bed. He is so exhausted that he falls asleep right away. The little night-watchman needs a good night’s rest because tomorrow night, he will lock the many doors of the sleeping city again. What do you think – are the little house gnomes of Cologne going to help him?

Jetzt ist es in Köln tiefe Nacht. „Endlich schlafen alle Menschen und Tiere“, denkt der kleine Nachtwächter beruhigt und geht zufrieden nach Hause. Er hat heute wieder viel gearbeitet und ist dabei sehr müde geworden. Dann hängt er alle Schlüssel auf, gibt der kleinen Katze etwas Milch und geht erschöpft in sein Bett. Schon bald ist er eingeschlafen. Der kleine Nachtwächter muss sich gut ausruhen, denn schon morgen Abend wird er die vielen Türen der schlafenden Stadt wieder abschließen. Ob ihm die Kölner Heinzelmännchen dabei helfen werden?

Good night, Cologne!

Gute Nacht, Köln!

1
2
3
4
5
6
7
10